Tierarzt für Kinder

Eine Geschichte von Elfie Donnelly

mit Bildern von Erhard Dietl

CARLSEN

Elvira fand das gar nicht lustig.

Willis bestes Gesicht ist das Keiner-geht-mit-mir-spazieren-Gesicht. Dann zieht er die Stirn in Falten. Er hebt eine Augenbraue. Er lässt die Zunge aus dem Mundwinkel baumeln. Er wedelt herzzerreißend mit dem Schwanz. Meistens hat Willi Erfolg.

Obwohl sie todmüde ist, geht Frau Doktor Elvira Klöbner mit Willi in den Park. Natürlich nur, wenn sie die Hundeleine findet.

Die Hundeleine ist meistens weg. Frau Doktor Klöbner sucht alle sechs Zimmer nach der Leine ab. Manchmal findet sie die Hundeleine im Kartoffelkorb. Manchmal ist die Hundeleine aber auch hinter der Klobrille. Oder am Haken neben der Waschmaschine. Selten nur ist die Hundeleine dort, wo sie hingehört: an der Garderobe im Flur.

Willi frisst jeden Tag zwei große Dosen Hundefutter. Viel zu viel für einen esstischhohen Hund. Er hasst Dosenfutter. Aber Frau Doktor Klöbner hat leider keine Zeit, ihm Frischfutter zu kochen. Es gibt zu viele Kinderkrankheiten, die sie behandeln muss.

Frau Doktor Klöbner ist eine sehr beschäftigte Frau. Willi ist ein sehr beschäftigter Hund.

Davon weiß Frau Doktor Klöbner allerdings noch nichts. Denn im Augenblick liegt sie im Bett und fühlt sich miserabel.

Und das kam so: Am Tag zuvor war Frau Doktor Klöbner

bei ihrer Nichte Luise zum Kindergeburtstag eingeladen. Sie konnte erst um sechs Uhr abends hingehen. Zum Glück hatte ihre Schwester – Luises Mutter – noch vier Stück Kuchen aufgehoben. Weil Frau Doktor Klöbner vor lauter Arbeit den ganzen Tag lang nichts gegessen hatte, stopfte sie die vier Kuchenstücke hintereinander in den Mund. Es schmeckte ihr ausgezeichnet. Die Kuchenstücke waren mit Sahne verziert und mit Schokoladencreme gefüllt. Frau Doktor Klöbner liebt Schokoladencreme. Und für Sahne könnte sie sich glatt wegschmeißen.

Am nächsten Morgen legt Willi seine braune Hundeschnauze auf das weiße Laken von Frau Doktor Klöbners Bett.

„Oooch", stöhnt Frau Doktor Klöbner und dreht sich auf die andere Seite. Willi stupst sie vorsichtig an.

„Nei-ein!", ruft Frau Doktor Klöbner, richtet sich steil im Bett auf und sagt: „Mir ist doch so schlecht!"

Willi setzt sich auf die Hinterbeine und schüttelt den Kopf. Es ist etwas völlig Neues, dass Elvira sich weigert aufzustehen. Vom Kuchen weiß Willi ja nichts.

„Ich kann heute nicht aufstehen", sagt die kuchenkranke Kinderärztin entschieden. Sie dreht sich noch ein paarmal im Bett hin und her.

„Nein, es geht nicht", sagt sie noch einmal.

Willi versucht es erneut mit Stupsen. Bestimmt ist alles nur ein Scherz!

Ächzend wälzt sich Frau Doktor Klöbner aus dem Bett. Sie holt aber nur ihr Handy und telefoniert mit Karl-Heinz. Karl-Heinz ist ihr Freund. Außerdem ist er Krankenhausarzt und hat heute seinen freien Tag.

Als sie fertig ist mit Telefonieren, sieht Frau Doktor Klöbner erleichtert aus. Sie lächelt Willi kurz an, tätschelt ihn zweimal und fällt in ihr Bett zurück.

„Er kommt um neun", sagt sie noch. Dann beginnt sie leise zu schnarchen.

Willi hält Krankenwache. Er macht sich Sorgen.

Um neun Uhr dreht sich ein Schlüssel im Schloss. Es ist

Karl-Heinz. Willi wedelt kurz mit dem Schwanz.

Karl-Heinz streichelt ihn über den Kopf.

„Sie schläft noch", flüstert Willi.

„Lass sie", sagt Karl-Heinz.

„Bist du nervös?", fragt Willi, weil Karl-Heinz sich unruhig umsieht.

Karl-Heinz nickt. „Ich hätte noch so viel anderes zu tun", sagt er. „Nur weil Elvira sich überfressen hat, soll i c h sie vertreten?"

Willi kichert. Karl-Heinz wundert sich. Er hat noch nie einen Hund kichern gehört. Ein sprechender Hund ist schon ungewöhnlich. Aber einer, der lacht, ist noch ungewöhnlicher, findet Karl-Heinz.

„Wenn du möchtest, mache ich die Praxis", sagt Willi. Er erschrickt ein bisschen über sich selbst. Ob das wirklich eine gute Idee ist?

„Du?", fragt Karl-Heinz, legt seinen Finger an den Mund und sieht Willi erstaunt an.

„Ich bin Arzthund seit vier Jahren!", sagt Willi. „Und ich weiß, wie Elvira Kinder impft."

„Tatsächlich?", ruft Karl-Heinz erfreut. „Wenn du wirklich möchtest, dann mach's nur! Ich muss nämlich um halb zehn meine Rollschuhe aus der Reinigung holen."

„Na, siehst du!", sagt Willi.

Karl-Heinz hilft ihm noch, ein Schild zu schreiben.

Schreiben kann Willi leider noch nicht. Er möchte es auf

jeden Fall lernen. Und lesen auch. Einige Buchstaben

kennt er ja schon.

Auf dem Schild steht:

Dr. Wilhelm Klöbner
Tierarzt für Kinder
Sprechstunde
jetzt

„Kinder sind doch keine Tiere", sagt Karl-Heinz nach-

denklich.

„Aber ich bin ein Tier", sagt Willi. „Das Schild ist schon

richtig."

Eine Minute später fährt Karl-Heinz winkend auf seinem
silbernen Motorrad davon.

Willi sieht Karl-Heinz noch ein bisschen hinterher. Dann
läuft er in Zimmer Nummer vier. Dort steht die alte
Standuhr. Die hat Elvira von ihrem Urgroßvater geerbt.
Im Uhrzeitablesen ist Willi nicht besonders gut.

„Der Zeiger zeigt direkt nach unten. Der große, dünne
Zeiger. Das heißt halb. Der dicke Zeiger steht – äh …"
Willi klappt das Maul zu und verdreht die Augen. Das
macht er immer, wenn er scharf nachdenken muss. Und
jetzt muss er sogar sehr scharf nachdenken.

„Der dicke Zeiger", sagt er schließlich, „der dicke Zeiger
steht zwischen … Na, da oben eben. Es ist entweder
halb zehn oder halb elf. Oder so ähnlich."

Willi entscheidet sich für halb zehn. Das stimmt auch.
Denn um neun Uhr war Karl-Heinz da.

Um halb zehn schließt Frau Doktor Klöbner sonst immer die Praxistür auf. Willi muss sich beeilen! Die Patienten darf man nicht warten lassen.

Er läuft zurück ins Zimmer Nummer zwei. Da steht ein großer Schrank mit zwei Fächern. In dem einen stehen sehr viele kluge Arztbücher. Im anderen liegen zehn weiße Arztkittel. Mit der rechten Vorderpfote zieht Willi vorsichtig einen Kittel heraus. Leider nicht vorsichtig genug. Der ganze Stapel landet auf dem Boden. Es ist gar nicht so einfach, die Kittel wieder zurück in den Schrank zu stopfen.

Willi zieht sich einen Kittel über den Kopf.

Von draußen sind Stimmen zu hören. Helle Stimmen und dunkle Stimmen. Die hellen Stimmen sind laut. Die dunklen Stimmen sind leise. Die hellen Stimmen sind die Stimmen von Kindern. Die dunklen Stimmen gehören Erwachsenen. Manche zu Männern und manche zu Frauen.

Willi ist ziemlich aufgeregt. Er prüft sich im Spiegel. Rasch fährt er sich mit Elviras Haarbürste über die Ohren. Er will ja ordentlich aussehen.

Der weiße Kittel steht ihm sehr gut zu seinem
hellbraunen Fell.

Willi räuspert sich und holt tief Luft. Das hilft gegen
Aufregung, sagt Elvira immer.

Und Willi ist jetzt sehr aufgeregt. Er erhebt sich auf die
Hinterbeine. So sieht er größer und wichtiger aus.

Mit raschen Schritten geht Willi hinaus ins Wartezimmer.
Er öffnet die Tür und wird beinahe von den Patienten
umgerannt. Ein dickes Mädchen steigt ihm auf die
Hinterpfoten. Willi jault auf.

„Pass doch auf, wo du hintrittst!", schreit eine dicke Frau
das dicke Mädchen an.

„Na, na!", sagt Willi. Er schüttelt den Kopf. Solche Töne
hört er nicht gern. Willi ist ein sehr friedliebender Hund.

„Sind Sie die neue Sprechstundenhilfe?", fragt die dicke
Frau. Sie mustert Willi von oben bis unten.

„Ich bin Doktor Wilhelm Klöbner", sagt Willi gemessen.
Es wird still im Wartezimmer. Alle Plätze sind jetzt
besetzt. Viele Augenpaare starren den braunen Hund im
weißen Arztkittel an.

Willi lehnt sich lässig gegen die Tür. Die Tür öffnet sich

und Willi fällt nach hinten. Alle lachen. Willi wird rot. Ein
Glück, dass man das unter seinem Fell nicht sieht!

„Sie sind komisch!", ruft eine alte Frau, die einen kleinen
Jungen auf dem Schoß hält. „Sind Sie hier Vertretung?"

„Ja!", antwortet Willi. Er darf nichts falsch machen. Er
denkt scharf nach. Womit fängt Frau Dr. Elvira Klöbner
ihre Sprechstunde immer an? Jetzt fällt es ihm ein.

„Haben alle ihre Versicherungskarte und die Praxisgebühr
mit?", fragt er ins Wartezimmer hinein.

„Ja!", rufen alle Leute.

„Nein!", ruft die dicke Frau und schlägt sich an die Stirn, „das habe ich glatt vergessen! Und mein Geld auch!"

„Mama hat mir gerade das größte Eis der Welt gekauft!", sagt das dicke Mädchen strahlend.

„Bist du still!", ruft die dicke Mutter aus und wird rot.

„Sind Sie arm oder reich?", fragt Willi streng.

„Arm, sehr arm", sagt die dicke Frau schnell.

„Gut", sagt Willi. „Treten Sie bitte ein."

Mühsam steht die dicke Frau auf. Sie keucht. Sie ist wirklich sehr dick.

„Komm gefälligst, Ermentraud!", schreit sie das dicke Mädchen an. Das dicke Mädchen sieht sehr gleichgültig aus. Es ist es gewohnt, angeschrien zu werden.

Willi schließt die Sprechzimmertür hinter dem dicken Mädchen, der dicken Frau und sich selbst. Die Tür ist gut gepolstert. Damit man die geimpften Kinder nicht weinen hört.

Denn manche Menschen, große oder kleine, bekommen dann solche Angst, dass sie sofort wieder nach Hause gehen. Obwohl sie krank sind! Und obwohl das Impfen

gar nicht mehr wehtut, seit Elvira eine neue Impfpistole
verwendet.

Die dicke Frau und das dicke Kind setzen sich vor den
großen Schreibtisch. Willi setzt sich in den Drehstuhl
hinter dem Schreibtisch. Der Drehstuhl heißt Drehstuhl,
weil er ein Stuhl ist, der sich dreht. Willi wird es ganz
schwindlig.

Endlich steht der Stuhl still.

Das dicke Mädchen kichert.

„Sei still!", schreit die dicke Frau.

Das dicke Mädchen ist sofort ruhig.

Willi denkt nach, was er jetzt sagen muss. Frau Doktor
Klöbner sagt manchmal nur „Hallo" zu den Kindern.

Oder: „Wo tut es dir denn weh?"

„Wo tut es dir denn weh?", fragt er die dicke Frau.

Die dicke Frau wird rot. „Nein, dass Sie mich gleich
duzen, Herr Doktor! Das ist ja schön! Ich heiße Erika!"

„Ich heiße Willi", sagt Willi erfreut.

„Aber mir tut nichts weh", sagt die dicke Erika. „Es
handelt sich um Ermentraud. Da!"

Die dicke Erika stupst ihrer dicken Tochter Ermentraud

einen Zeigefinger in die Nabelgegend. Der Zeigefinger versinkt tief in Ermentrauds Speckrollen. Ermentraud schreit „Au!". Dann zieht sie einen Riesenlolli aus dem Ärmel. Der Lolli ist voller Wollfussel.

„Sehen Sie doch selbst, Herr Doktor Willi, wie dick meine Tochter ist!", schreit die dicke Frau.

„Aber du bist auch sehr dick", sagt Willi. Denn das ist die Wahrheit.

„Ich bin nicht dick. Ich bin vollschlank", schreit die dicke Erika.

„Warum schreist du denn so, Erika?", will Willi wissen.

„Ich schreie nicht!", schreit die dicke Frau. „Ich spreche immer so."

„Ach so!", sagt Willi. Er zieht aus dem Wattebehälter zwei große Wattebäusche. Die stopft er sich in die Ohren. Einen links und einen rechts. Das sieht komisch aus. Vor Staunen vergisst die kleine dicke Ermentraud am Lolli zu lutschen. Sie schiebt ihn zurück in den Pulloverärmel.

„Warum ist sie denn so dick, Herr Doktor?", schreit die dicke Erika.

„Ich muss das Kind erst einmal untersuchen", sagt Willi. Wie gut, dass er so oft unterm Schreibtisch zusammengerollt gedöst hat. Dabei hat er doch viel davon mitbekommen, wie man Arzt ist.

„Darf ich dich impfen?", fragt er das dicke Mädchen.

„Nein", sagt das dicke Mädchen. „Möchtest du meinen Lolli?"

„Nein!", sagt Willi. Er lässt sich auf alle viere nieder und schnüffelt den ganzen Raum nach dem Stethoskop ab.

Das ist zum Herztöneabhören. Das Stethoskop hat drei
Teile. Zwei davon steckt der Arzt sich in die Ohren. Und
der dritte Teil, der wie eine Trompete aussieht, wird auf
die Brust des Patienten gedrückt.

„Du gehst wie ein Hund", sagt Ermentraud.

Willi schnellt zurück auf die Hinterbeine. Es ist ihm
peinlich, dass er das Aufrechtgehen einen Moment lang
vergessen hat.

„Zieh dich endlich aus!", schreit die dicke Frau ihre
Tochter an. Ermentraud zieht schwerfällig den Pullover
über den Kopf. An der Pulloverärmelinnenseite baumelt
der Lolli.

„Du hast einen Lolli auf der Pulloverärmelinnenseite",
sagt Willi.

„Ich habe immer meinen Lolli an der Pulloverärmelinnenseite", antwortet die dicke Ermentraud.

„Manchmal habe ich den Lolli aber auch an der
Cordhosenbeininnenseite."

„Cordhosenbeininnenseite?", fragt Willi begeistert. Lange
Wörter findet er toll.

„Ich habe schon Lollis an der roten Strumpfhosen-

fersenaußenseite gefunden!", schreit Ermentrauds dicke
Mutter Erika.

„Toll!", ruft Willi. Aber jetzt muss er weiter untersuchen.
Willi zieht die Wattebäusche aus seinen Ohren und
steckt die Stethoskopenden hinein. Den Trompetenteil
des Stethoskops drückt Willi auf Ermentrauds
Bauchnabel.

Er hört nichts. Nur lautes Grummeln. Und Atmen.

„Du grummelst. Und du atmest", sagt Willi.

„Ist das schlimm?", fragt Ermentraud neugierig.

Willi legt die rechte Vorderpfote zum Nachdenken an

seine Unterlippe. Das macht Elvira auch immer, ehe sie antwortet.

„Nicht sehr, glaube ich", sagt Willi. „Aber ich gebe dir auf jeden Fall ein Rezept dagegen. Und jetzt auf die Waage."

Die dicke Erika stellt die dicke Ermentraud auf die Waage.

Willi schiebt das Gewicht hin und her. Er denkt sich eine Zahl aus.

„Eine Tonne!", ruft Willi. „Das ist auf jeden Fall leichtes Übergewicht!"

„Eine Tonne!", schreit die dicke Frau entsetzt. „Da sehen Sie's, Herr Doktor, da sehen Sie's!"

Ermentraud klebt ihren Lolli an die weiße Praxiswand.

„Das solltest du nicht tun", sagt Willi.

Ermentraud nimmt den Lolli wieder ab. Mit dem Fuß schießt sie ihn unter den Schrank.

„Schon besser", sagt Willi.

Ermentraud kichert.

„Nun, Herr Doktor?", fragt die dicke Erika gespannt.

Willi dreht sich wieder in seinem Drehstuhl. Denn Willi muss jetzt scharf nachdenken. Die Schnauze juckt ihn. Und Durst hat er auch. Er steht noch einmal auf, geht an den Wasserhahn und schlürft.

„Was ist das bloß, Herr Doktor! Alle Kleider werden ihr zu eng!"

„Ich hab Hunger, Mama!", ruft das dicke Mädchen.

Da fasst die noch dickere Mutter in ihre große Ledertasche.

Sie breitet auf dem Praxistisch aus:

Drei Brötchen mit Schinken, Käse, Tomaten und Mayonnaise belegt.

Vier Äpfel.

Zwei halbe Liter Trinkkakao.

Eine große Tafel Schokolade.

Eine Packung Kartoffelchips.

Und eine große schöne gelbe Banane.

Die rundliche Ermentraud hält ihren Rock auf. Mit einer Handbewegung fegt die dicke Erika Brötchen, Äpfel, den Trinkkakao, die Schokolade, die Kartoffelchips und die Banane hinein.

„Danke, Mama!", ruft Ermentraud und fängt an zu essen.

„Sie darf nicht so viel essen", sagt Willi.

„Ach, warum denn nicht?", schreit die übergewichtige Mutter.

„Weil sie sonst noch dicker wird", sagt Willi.

„Was?", schreit Mama Erika. „Das hat was mit dem Essen zu tun?" Sie starrt Willi verblüfft an. „Und warum sagt einem denn das keiner?"

Willi kratzt sich mit der rechten Vorderpfote am linken Ohr.

„Ich sage es dir!", sagt er.

„Gib her!", schreit die kugelrunde Erika ihre hungrige Tochter an. Sie reißt Ermentraud das Essen weg und baut es vor Willi auf.

Willi schnüffelt begeistert. Er hat sehr großen Hunger. Aber jetzt muss er arbeiten. Erst die Arbeit, dann das Vergnügen, sagt Karl-Heinz immer.

„Ich schreibe dir noch ein Rezept", sagt Willi. Dann fällt ihm ein, dass er ja noch nicht schreiben kann.

„Ich bin neu hier, ich kann noch nicht schreiben", sagt er. Er schiebt der dicken Erika den Rezeptblock hin.

„Schreib!", fordert er sie auf. Er diktiert: „Wenig essen!"

„Wenig essen", schreibt die dicke Frau auf den Rezept-block.

Willi kann den Stempel nicht finden. Aber Elvira stempelt immer jedes Rezept ab. Willi drückt seine Pfote erst auf das Stempelkissen, dann aufs Rezept. Der Abdruck sieht sehr schön blau aus.

„Sie muss Sport machen", sagt Willi. Gut, dass ihm das noch einfällt!

Elvira macht auch Sport. Damit sie schlank bleibt.

„Ich mag keinen Sport", sagt die dicke Ermentraud.

„Gar keinen?", fragt Willi. „Fußball? Handball?

Schwimmen?"

„Nein", sagt Ermentraud.

Willi steht auf und geht auf und ab. Er verschränkt die

Hände auf dem Rücken. Das macht Elvira, wenn sie

besonders gute Ideen braucht.

Da ist die Idee schon!

„Schreib noch was aufs Rezept", sagt er zur dicken lauten Mutter. „Schreib: Dienstag und Donnerstag mit einem Hund spazieren gehen. Treffpunkt: hier."

Die dicke Erika schreibt.

Ermentraud sagt: „Wir haben aber keinen Hund."

„Ich kenne einen, mit dem man spazieren gehen kann", sagt Willi schnell.

„Danke vielmals, Herr Doktor Klöbner!", schreit die dicke Frau. Sie packt ihre Tochter am Arm und zerrt sie aus der Tür.

„Nimm einen Apfel!" Willi wirft der dicken Ermentraud den Apfel hinterher. Sie fängt ihn auf und beißt hungrig hinein.

Willi ist erleichtert, als sie weg sind. Das war zum Glück ein einfacher Fall. Keine Impfung, kein Beinbruch, kein Husten. Auch kein Blinddarm, keine Mandelentzündung oder Blutvergiftung. Und er hat jemanden gefunden, mit dem er spazieren gehen kann.

Hoffentlich merkt Ermentraud nicht, dass sie Doktor Wilhelm Klöbner an der Leine führt. Aber beim Spazierengehen wird er keinen Arztkittel anhaben.

Willi tritt vor die Tür und hängt das Schild mit dem Wort „Frühstückspause" auf. Dann macht er sich über die Schinken-Käse-Tomaten-Mayonnaise-Brötchen her, trinkt den Kakao, beißt in die Banane und vertilgt die Kartoffelchips.

Hoffentlich wird ihm nicht so schlecht wie Frau Doktor Klöbner!

Doktor Wilhelm Klöbner ist mit sich sehr zufrieden.

Eine halbe Stunde vergeht. Doktor Wilhelm Klöbner hat
sich satt gegessen. Er blättert noch ein bisschen in der
Ärzte-Zeitung. Er merkt nicht, dass er sie verkehrt herum
hält. Er wird ein bisschen traurig. Hunde sind fürs Lesen
nicht gemacht. Nur die Worte „draußen bleiben" kann er
lesen. Die kennt er von der Supermarkt-Tür.
Draußen im Wartezimmer wird es laut. Es klopft an der
Tür.
Willi fegt die Essensreste flugs in die Schublade.
„Herein!", ruft er. „Der Nächste bitte!" Das hätte er fast
vergessen!
„Guten Tag", sagt ein Mann. Er hält einen kleinen
Jungen an der Hand. Der kleine Junge hat Angst. Willi
erkennt das daran, dass der kleine Junge sich zerren
lässt. Wenn Elvira mit Willi spazieren geht, lässt er sich
auch manchmal zerren. Vor allem, wenn die gefährliche

Bulldogge Amanda ihre Zähne fletscht. Amanda wohnt zwei Häuser weiter. Aber das ist eine andere Geschichte.

Willi kann die Angst bei dem kleinen Jungen auch daran erkennen, dass der kleine Junge immer auf den Boden guckt. Er spielt „Ich-bin-nicht-da".

Willi lässt sich auf alle viere nieder.

„He, du!", sagt er freundlich und stupst den kleinen Jungen an. Unter Willis Arztkittel, dort, wo der Po ist, bewegt sich etwas hin und her. Verwundert starrt der Mann den lebenden Kittel an.

„Das ist mein Schwanz", erklärt Willi.

„Ach so!", sagt der Mann. Er wischt sich ein paar Schweißtropfen von der Stirn. Willi stellt sich vor.

„Doktor Wilhelm Klöbner", sagt er. „Ich bin hier nur die Vertretung."

„Ach so", sagt der Mann noch einmal. Dann sagt er etwas sehr Seltsames. Er sagt nämlich lachend: „Wissen Sie, Doktor Klöbner, dass ich einen Moment lang dachte, Sie könnten ein Hund sein?"

„Ach", sagt jetzt Willi überrascht. Dann lacht er auch. „Ich bin nämlich ein Hund."

„Ja, dann!", sagt der Mann und lacht wieder. Gleich
darauf guckt er bierernst. Und fängt noch einmal zu
lachen an.

„Soll ich Ihnen vielleicht einen Beruhigungstee
verschreiben?", fragt Willi. Der Mann macht ihm Sorgen.

„Nein, bitte", sagt der Mann.

Mit dieser Antwort kann Willi nichts anfangen.

Der kleine Junge kichert. Gut. Wer kichert, hat keine
Angst mehr.

„Was fehlt dir denn?", fragt Doktor Wilhelm Klöbner.

Der Junge überlegt eine Weile. „Ich glaube, mir fehlt eine warme Winterhose", sagt er. „Die alte ist schon ganz durchgescheuert."

Der Mann nickt. „Ja, so ist das mit den Kindern. Und dann wachsen sie auch zu schnell."

Keiner sagt jetzt etwas. Es ist ganz still. Willi kann die Uhr ticken hören und den Regen draußen. Er weiß nicht, wie es jetzt weitergehen soll. Elvira hat immer ganz andere Patienten. Richtige. Mit richtigen Krankheiten. Keine, die zu dick sind oder durchgescheuerte und zu klein gewordene Winterhosen haben.

Doktor Wilhelm Klöbner macht noch einen Versuch. Dazu braucht er Elviras Brille. Er nimmt sie aus der Schublade und setzt sie sich auf die Schnauze. Er blinzelt. Auf dem rechten Brillenglas ist ein Mayonnaisetupfer vom Brötchen. Willi wischt den Mayonnaisetupfer weg. Das ganze Glas ist verschmiert. Jetzt kann er nur durch ein Brillenglas gucken.

„Bist du vielleicht irgendwie krank?", fragt Willi den Jungen.

Der Junge lacht. „Du siehst ja gar nichts, Hund!", sagt er.

„Das ist kein Hund, das ist Herr Doktor Klöbner, unser
neuer Kinderarzt", sagt der Vater.

„Der ist lustig", sagt der Junge.

„Ich glaube, mein Sohn hat die Röteln", sagt der Vater.

„Wieso denn?", fragt Willi.

Der Mann sieht Willi erstaunt an. „Das möchte ich doch
von Ihnen wissen!", ruft er.

Willi nimmt die Brille ab. Dann setzt er sie wieder auf. Das
macht Elvira auch immer, wenn sie Zeit gewinnen will.

Röteln, denkt Willi. Das ist doch das mit den roten
Punkten. „Soll ich ihn impfen?", fragt Willi.

„Nein", sagt der Mann. „Ich möchte nur wissen, ob der Junge die Röteln hat."

„Hast du die Röteln?", fragt Willi den Jungen. Der müsste es doch selbst am besten wissen!

„Ich hätte gern die Röteln", sagt der Junge. „Die anderen in meiner Klasse haben auch die Röteln."

„Einen Moment bitte", sagt Willi.

Er dreht sich um und geht hinaus. Er durchquert das Wartezimmer. Alle, die dort sitzen, werden ganz ruhig und sehen ihm gespannt zu. Willi stellt sich auf die Hinterpfoten. Aus dem Regal über dem Kindertisch holt er Gläser und Pinsel und mehrere Wasserfarbenkästen. Willi öffnet einen Wasserfarbenkasten nach dem anderen. „Verschmiert", brummt er immer wieder. Endlich findet er einen Wasserfarbenkasten, in dem das Rot noch schön rot leuchtet. Er klemmt sich den Kasten, die Pinsel und ein Glas unter die Achseln. Es ist schwierig, auf den Hinterbeinen zu gehen.

Willi denkt: Ich sehe besser aus, wenn ich aufrecht gehe. Er nickt nach links und nickt nach rechts und ist sehr freundlich. Elvira macht das auch immer so.

Willi geht zurück ins Sprechzimmer, dann in den Behandlungsraum.

Der Junge hat sich ausgezogen und auf das Untersuchungsbett gelegt. Er hat eine Gänsehaut. Willi hat vergessen, die Heizung im Sprechzimmer aufzudrehen. Deswegen ist es kalt. Er versucht mit der rechten Vorderpfote das Rad zu drehen. Aber es geht nicht.

„Mit den braunen Pelzhandschuhen ist das schwer", sagt der Vater. Er hilft Willi.

„Die muss ich aber anbehalten", sagt Willi.

„Ach so", sagt der Vater.

Die Gänsehaut des kleinen Jungen ist verschwunden.

„Ich sehe gar keine roten Flecken", sagt der Vater.

Willi schüttelt den Kopf. „Natürlich nicht", sagt er. „Noch nicht!"

Sorgfältig taucht Willi einen Pinsel ins Wasser. Er rührt im Rot-Schälchen.

„Hihi, das kitzelt", ruft der Junge.

Willi betupft ihn mit roter Farbe. Zuerst den Rücken. Dann die Stirn. Die Backen. Die Nase. Den Hals. Den Bauch und alles Übrige.

„So", sagt Willi stolz und „Sehr schön".

Er tritt einen Schritt zurück und betrachtet sein Werk.

Der Vater staunt. „Wird das immer so gemacht?", fragt er.

„Selbstverständlich", sagt Willi. „Wo sollten denn sonst
die roten Punkte herkommen?"

Der Vater sieht sehr zufrieden aus. Der Junge findet sich
auch sehr schön.

Willi läuft ins Badezimmer und kommt mit Elviras Föhn
zurück. Er föhnt die Röteln-Flecken trocken.

„So", sagt Willi. „Fertig."

„Wie lange muss die Farbe draufbleiben?", fragt der Vater, während der Junge sich wieder anzieht.

„Röteln dauern ungefähr zwei Wochen", sagt Willi.

„Vorher bitte nicht waschen."

Er holt noch den Rezeptblock und bittet den Vater, die Wörter „Seife für später" daraufzuschreiben. Dann drückt er seinen Pfotenstempel auf das Rezept. Dieser Stempel ist ihm noch besser gelungen als der letzte.

„Mit der Seife waschen Sie dann die Röteln wieder ab", sagt Willi.

Der Vater ist sehr erleichtert. „So einfach ist das!", ruft er. „Wenn ich das vorher gewusst hätte, wären wir früher gekommen!"

„Man kann nie früh genug zum Arzt gehen", sagt Willi. Diesen Satz hat er von Elvira oft gehört.

„Ich danke Ihnen tausend Mal", sagt der Mann. Er nimmt seinen Jungen an die Hand.

„Einmal genügt", sagt Willi gerührt.

Es ist schön, wenn die Patienten dankbar sind.

Der rötelnkranke Junge und sein Vater sind weg.

Willi zieht den Arztkittel aus und stellt sich vor den Spiegel.

Es ist noch so viel rote Farbe übrig. Er nimmt den Pinsel und tupft auf den Spiegel viele kleine rote Punkte.

„Zwei Wochen Bettruhe!", sagt er streng zum Spiegel.

„Und fünf Minuten für mich!"

Doktor Wilhelm Klöbner knabbert ein Stückchen Hundekuchen. Er hat wirklich schon wieder Hunger! Arbeit macht müde, denkt er. Dann hält er ein Fünf-Minuten-Nickerchen. Das hat er jetzt wirklich nötig.

„Hoffentlich habe ich mich nicht angesteckt", murmelt Willi noch, bevor ihm die Augen zufallen. Arzt zu sein ist anstrengend.

Er schnarcht so laut, dass einige Leute im Wartezimmer einander erstaunt ansehen. Aber davon weiß Willi nichts.

Das Schläfchen hat Doktor Wilhelm Klöbner sehr
gutgetan.

Willi zieht rasch den Arztkittel wieder an und schlüpft
ins Zimmer Nummer vier. Elvira Klöbner liegt immer
noch im Bett. Ihre Augen sind geschlossen. Sie atmet
gleichmäßig. Willi leckt ihr einmal quer über die Backe.
Weil er sie lieb hat.

„Lass das!", murmelt Elvira. Ihre Hand rutscht aus dem Bett. „Alles in Ordnung mit Karl-Heinz?", fragt sie im Halbschlaf.

„Wau!", macht Willi. „Mach dir keine Sorgen!"

Zufrieden dreht Elvira sich um. Sie schläft weiter.

Doktor Wilhelm Klöbner ist beruhigt. Er läuft zurück durch Zimmer Nummer zwei.

Er öffnet die Tür zu Zimmer Nummer eins, dem Wartezimmer.

„Der Nääääächste bitte!", sagt er.

„Wau! Wauwauwauwuff!", bellt Willis einzige Feindin: Es ist die Bulldogge Amanda. Zum Glück ist sie angeleint. Das kleine Mädchen hat große Mühe, Amanda festzuhalten. „Still, Amanda!", ruft sie.

„Hunde müssen leider draußen bleiben", sagt Willi. Seine Stimme zittert. Er darf sich nicht anmerken lassen, dass er große Angst vor Amanda hat!

Das kleine Mädchen niest. Dabei lässt es die Leine los. Mit einem Satz springt Amanda auf Willi zu. Sie reißt ihn zu Boden. Sie bleckt die Zähne. Willi sieht sein letztes Stündlein gekommen.

„Hilfe!", ruft Willi.

„Böser Hund!", ruft das kleine Mädchen. Endlich packt es Amandas Leine und zerrt die große Hündin von Willi fort.

„Ich habe doch gar nichts gemacht", sagt Willi beleidigt.

„Nicht Sie, Herr Doktor. Amanda, man darf keinen Arzt auf den Boden werfen!"

Sie knotet die Leine am Türknauf fest.

„Bi… bitte eintreten", stottert Willi.

Das kleine Mädchen geht hinter Willi her ins Sprech-zimmer.

„Es tut mir leid", sagt es.

„Mir auch", sagt Willi. „Ich habe mich sehr erschreckt. Wenn ich mich erschrecke, gehen mir die Haare aus."

Zum Beweis zeigt Willi ein kleines Fellbüschel.

„Amanda gehen auch die Haare aus. Die erschreckt sich bestimmt auch viel."

Willi fällt auf, dass das kleine Mädchen wirklich noch ein sehr kleines Mädchen ist.

„Hast du keine Eltern?", fragt Willi.

„Jeder hat doch Eltern", sagt das kleine Mädchen.

„Das stimmt", sagt Willi. Er schließt die Augen und denkt an seine Mutter. Er kann sich nicht mehr daran erinnern, wie sie aussah. Braun war sie auf jeden Fall. So wie er. Und so wie seine acht Geschwister. Wo die wohl alle sind? Frau Doktor Elvira Klöbner hat Baby-Willi abgeholt, da war er erst sechs Wochen alt. Wer sein Papa ist, weiß er auch nicht. Aber das macht nichts. Für einen Hund sind Frauchen oder Herrchen die Familie. Das ist anders als bei Menschen, denkt Willi.

„Hallo?", fragt das kleine Mädchen. „Wollen Sie nicht wissen, warum ich hier bin, Herr Doktor?"

Willi besinnt sich. Er schüttelt sich und macht „Brrr".

Das wirkt immer, wenn er mit den Gedanken woanders gewesen ist.

„Entschuldigung", sagt Willi. „Also, warum bist du hier?"

„In der Nähe gibt es keine andere Kinderarztpraxis", sagt das kleine Mädchen. „Wir sind hier angemeldet. Ich war auch schon ein paarmal hier. Mama hat gesagt, dass ich wieder hierherkommen soll."

„Du hast eine sehr kluge Mama. Warum kommt sie nicht mit?", fragt Willi.

„Mama muss arbeiten. Amanda passt auf mich auf."

Willi schluckt. Schon der Gedanke an die bissige Bulldogge macht ihm Angst.

„Aha", sagt Willi. Er greift nach einem leeren Karteiblatt.

Er schiebt es dem kleinen Mädchen hin. Und einen Stift gleich dazu.

„Schreib bitte deinen Namen. Und wie alt du bist."

Das kleine Mädchen schreibt: Lilli Schmidt. Acht Jahre.

Ein Glück, dass es dazu auch murmelt. Willi kann alles verstehen.

„Lilli ist fast wie Willi", sagt Willi.

„Wer ist Willi?", fragt Lilli.

„Na, ich. Doktor Wilhelm Klöbner. Aber alle rufen mich Willi. Du musst die Adresse aufschreiben."

„Muss ich nicht", sagt Lilli trotzig.

„Musst du doch!", sagt Willi.

„Muss ich nicht. Das steht alles im Computer, hat Mama gesagt."

Willi wirft einen Blick auf den Bildschirm. Der ist gar nicht eingeschaltet.

„Der Computer ist kaputt", sagt Willi und schämt sich. Das ist nämlich eine Lüge.

„Sie müssen nur den Stecker in die Steckdose stecken",
sagt die kleine Lilli.

Willi folgt dem Kabel mit den Augen. Stimmt. Der
Stecker liegt herausgezogen auf dem Boden.

„Muss ich nicht."

„Müssen Sie doch."

„Muss ich nicht."

Die kleine Lilli niest. Einmal. Zweimal. Noch einmal.

Willi ist froh über die Ablenkung.

„Du hast eine Erkältung!", ruft er aus.

„Aber meine Nase läuft nicht", sagt Lilli.

„Meine auch nicht. Die bleibt am Platz. Zwischen den
Augen." Willi fasst an seine Schnauze. „Brauchst du ein
Erkältungsrezept?" Er weiß, was auf dem Rezept stehen
soll: Ein heißes Fußbad. Warm anziehen. Und Ingwertee
mit Honig. Frau Doktor Elvira Klöbner ist nämlich oft
erkältet. Sie steckt sich bei den kranken Kindern an.

„Ich bin doch wegen dem Impfen hier", sagt Lilli. Sie
zieht aus ihrer Umhängetasche einen Impfpass.

Willi rutscht unruhig auf dem Stuhl hin und her. Sein
Schwanz tut ihm davon weh.

„Heute ist kein guter Tag zum Impfen", sagt Willi.

„Warum denn nicht?", fragt Lilli. Dann niest sie wieder.

„Weil du erkältet bist", antwortet Willi.

Puh! Ein Glück, dass ihm das eingefallen ist.

„Ich bin nicht erkältet."

„Bist du doch."

„Bin ich nicht."

„Bist du doch."

Lilli niest wieder. Hatschi!

Sie rubbelt ihre Augen. Die sehen ein bisschen rot aus.

„Hast du kalte Füße?", fragt Willi.

Die kleine Lilli schüttelt den Kopf.

Willi kommt ein Verdacht. Sein Frauchen bekommt auch
manchmal einen Niesanfall. Immer dann, wenn Karl-
Heinz ihr einen Blumenstrauß mitbringt. Sie ist nämlich
allergisch gegen Tulpen. Aber das vergisst Karl-Heinz
jedes Mal.

„Warte einen Moment. Ich komme gleich wieder!", ruft
Willi. Er läuft aus dem Sprechzimmer ins Wartezimmer.
Dort knurrt ihn Amanda böse an.
Ein Mann in einer Uniform steht ängstlich an der Wand.

Er hat Angst vor der Bulldogge.

„Ist das Ihr Hund?", fragt er Willi.

„Sie müssen warten, bis Sie an der Reihe sind!", sagt
Willi. Er flitzt ins Badezimmer. Von dort holt er die
Hundebürste. Er flitzt an der Bulldogge und dem Mann
mit der Uniform vorbei zurück. Mit dem Hinterbein wirft
Willi die Tür ins Schloss.

Er hält Lilli die Hundebürste entgegen.

„Bürste mich!", sagt Willi.

„Das muss ich nicht", sagt Lilli. Sie niest.

„Das musst du doch", sagt Willi.

„Das ist eine Hundebürste", sagt Lilli.

Sie bürstet Willi.

Willi knurrt wohlig.

„Sind Sie etwa ein Hund?", fragt Lilli. „Ich habe mir schon
die ganze Zeit gedacht, dass Sie ein komischer Arzt sind."

„Ich bin Doktor Wilhelm Klöbner, Tierarzt für Kinder", sagt
Willi.

„Werde ich jetzt geimpft? Ha…haaa-tschi!" Die arme
kleine Lilli schüttelt es.

„Hole bitte die Haare aus der Bürste", sagt Willi. „Das
musst du!"

„Das muss … Ha…hatschi!"

Für Willi ist die Sache klar.

„Ich gebe dir jetzt die Dognose", sagt Willi.

„Diagnose?", fragt Lilli.

„Genau, genau." Diagnose ist ein Wort, das Willi leicht
vergisst. Dabei ist Diagnose ein wichtiges Wort. Es
bedeutet, dass der Arzt weiß, was los ist.

„Du hast eine Hundeallergie", sagt Willi.

„Eine Hundeallergie?" Lilli macht große Augen. „Das hat
Papa auch schon mal gesagt."

„Schreib!" Willi schiebt Lilli den Rezeptblock hin.

„Das muss ich nicht."

„Ich habe meine Brille verlegt", sagt Willi. Schon wieder
eine Lüge! Aber jetzt hat er keine Zeit, sich zu schämen.
Es klopft nämlich an der Tür.

„Einen Moment noch!", ruft Willi.

Willi diktiert Lilli: „Lilli hat eine Hundeallergie. Sie darf
nicht mit Amanda wohnen."

Dann kommt der Pfotenstempel aufs Rezept.

„Das ist für deine Eltern", sagt Willi.

„Dann müssen wir Amanda weggeben?", fragt Lilli. Sie
sieht nicht sehr traurig darüber aus.

„Es gibt bestimmt einen kleinen Hund mit ganz kurzem
Fell. Gegen den bist du vielleicht nicht allergisch."

„Danke, Herr Doktor Klöbner", sagt Lilli. Sie sieht sehr froh
aus. „Komisch, dass ich hier drin auch niese."

„Zum Impfen komm bitte morgen", sagt Willi schnell. Er
öffnet für Lilli die Tür.

„Komm, Amanda! Lass den Onkel in Ruhe!", sagt Lilli. Sie
löst die Leine. Dann verschwinden das kleine Mädchen
und die bissige Amanda aus der Tür.

Willi ist ziemlich stolz auf sich. Jetzt ist eigentlich Zeit für eine lange Pause.

Aber der Mann in der blauen Uniform und mit einer weißen Mütze ist immer noch da.

„Gehört Ihnen das Auto da draußen?", fragt er streng. Er deutet aus dem Wartezimmerfenster. Dort steht Elviras Auto.

„Ja, wollen Sie es kaufen, Herr Briefträger?", fragt Willi
erfreut. Elvira wollte das alte Auto schon seit langem
loswerden.

„Ich bin Polizist und kein Briefträger", sagt der Briefträger.
Oder der Polizist. Er klingt ein bisschen beleidigt.

„Macht nichts", meint Willi. „Auch Polizisten können
Autos gebrauchen."

Der Polizist sieht Willi nicht sehr freundlich an.

„Sind Sie sicher, dass Sie der Halter dieses Wagens sind?"
Willi versteht nicht, was das bedeuten soll. Er hält das
Auto doch gar nicht. Es steht wie immer auf der Straße
vor der Praxistür, gleich neben dem komischen Schild.

„Haben Sie eine richtige Kinderkrankheit?", fragt Willi
jetzt, denn er ist in Eile. Hinter dem Briefträger-Polizisten
steht ein alter Mann mit einer dicken Brille, der sehr
ungeduldig aussieht.

„Nein", sagt der Briefträger-Polizist verwirrt.

„Dann nehmen Sie bitte Platz und warten Sie, bis Sie
eine kriegen", sagt Willi. Der Briefträger-Polizist setzt sich
hin und murmelt etwas von „Parkverbot". Aber dann
gähnt er. Eine kleine Pause wird ihm sicherlich guttun.

„Guten Tag", sagt der alte Mann mit der dicken Brille.
Er führt einen kleinen Jungen an der Hand. „Sind Sie
aber braun gebrannt, Frau Doktor!"

„Ich bin Doktor Wilhelm Klöbner, die Vertretung", erklärt
Willi dem Opa mit der dicken Brille.

Der kleine Junge setzt sich auf einen Stuhl. Der Opa
nimmt den anderen.

Willis Magen knurrt so laut, dass der alte Mann sich
verwundert umsieht.

„Sind hier Löwen?", fragt er.

„Nein", sagt Willi.

„Bei einer Tierarztpraxis weiß man nie", sagt der alte
Mann.

„Ich bin ja kein Tierarzt, ich bin ein Tier-Arzt", erklärt Willi.

„Aber ein Tier-Arzt für Kinder."

„Dann sind wir doch richtig", sagt der alte Mann mit der
dicken Brille erleichtert.

„Wo tut es dir denn weh?", fragt Willi den kleinen Jungen.

„Mein Enkel lacht nicht", sagt der Opa.

„Nein, ich lache einfach nicht", sagt der kleine Junge sehr
ernst.

Willi bemerkt erst jetzt, dass der Junge sehr, sehr traurig
aussieht.

„Warum bist du so traurig?", fragt Willi.

„Ich bin doch gar nicht traurig", sagt der kleine Junge
traurig.

„Hmm", macht Willi. Das könnte der erste schwierige Fall
werden.

Willi geht um den Tisch herum und stürzt unvermittelt
auf den Jungen zu. Er stupst ihn mit seiner Schnauze

in den Bauch, leckt ihm mit der Zunge hinterm Ohr
und klopft ihm mit der Vorderpfote vorsichtig in die
Kniekehlen.

„Warum tust du das denn?", fragt der kleine Junge
interessiert.

Willi geht beleidigt an seinen Platz zurück.

„Ich habe gedacht, es kitzelt vielleicht", sagt Willi.

„Es hat ja auch gekitzelt", sagt der Junge.

„Warum lachst du dann nicht? Ich lache immer, wenn
Elvira mich am Bauch kitzelt", sagt Willi.

„Wer ist Elvira?", fragt der Opa mit der dicken Brille.

„Mein Frauchen", erklärt Willi.

„Aber ich muss nicht lachen, wenn ich gekitzelt werde",
sagt der kleine Junge.

Willi starrt den traurigkeitskranken Jungen besorgt an.

„Weißt du denn überhaupt, wie man richtig lacht?", fragt
er dann.

Der Junge schüttelt den Kopf. „Nein", sagt er mit
hängenden Mundwinkeln.

Willi zieht mit den Vorderpfoten den Stuhl ans Wasch-
becken und nimmt den Spiegel ab.

„Hier", sagt er zu dem traurigen Jungen. „Guck mal rein!"
Der Junge gehorcht und schaut traurig den traurigen
Jungen im Spiegel an.

„Und jetzt", sagt Willi feierlich, „jetzt hebst du die Mundwinkel nach oben. So!" Willis rechte Pfote schiebt einen
Jungenmundwinkel hoch. „Und den anderen! So!"
Willis linke Pfote schiebt den zweiten Jungenmundwinkel hoch.

Der Junge grinst ein bisschen schief.

„Das gefällt mir!", sagt der Junge und behält die
Mundwinkel oben, als Willi loslässt.

„Er lacht, er lacht!", ruft der Opa mit der dicken Brille. „Na endlich!"

Der Opa bedankt sich überschwänglich bei Herrn Doktor Wilhelm Klöbner.

„Kinder lernen durch Beispiel!", sagt Willi belehrend.

Elvira sagt auch immer, dass Hunde durch Beispiel lernen. Da wird das für Kinder auch gelten, denkt Willi.

Er begleitet den kleinen Jungen und den Opa zur Tür.

Vom vielen Aufrechtgehen tun ihm die Hinterbeine weh.

Willi schlägt der Länge nach hin.

Der Junge lacht los. Immer lauter und lauter. Er schlägt

sich vor Vergnügen auf die Schenkel und kriegt fast einen Krampf im Gesicht. Auch der Opa fängt zu lachen an. Er lacht, bis ihm die Tränen kommen, denn Willi sitzt verdattert auf seinem braunen Hundepo und starrt die beiden lachenden Gestalten ein bisschen verärgert an.

„Raus!", bellt er, aber nicht zu laut.

„Wir gehen ja schon!", prustet der Opa. Er nimmt den lachenden Jungen auf den Arm.

„Was ist denn mit denen los?", fragt der Briefträger-Polizist.

Willi zuckt die Schultern. „Keine Ahnung", sagt er.

„Haben Sie schon eine Krankheit?"

Der Polizist zieht einen Block aus seiner Uniformtasche.

„Es handelt sich um das Parkverbot", sagt er.

„Parkverbot, Parkverbot!", ruft Willi. „Ich habe kein Parkverbot! Ich bin immer angeleint. Auch im Park."

Der Polizist hält das für einen Witz.

„Zahlen Sie die Strafe oder nicht?", fragt er geduldig.

„Hunde haben doch kein Geld!", ruft Willi empört.

„Aha!", sagt der Polizist. „Sie behaupten also, ein Hund zu sein! Seit wann gibt es Hunde, die sprechen können?"

„Da haben Sie Recht." Willi wedelt aufgeregt mit dem
Schwanz. „Und Hunde haben ja auch keinen Führer-
schein und kein Auto!", sagt er dann.

„Was Sie nicht sagen!" Der Polizist lässt seinen
Strafzettelblock sinken. „Was Sie nicht sagen!",
wiederholt er überrascht. Dann sagt er schnell: „Kann ich
mal Ihre Steuermarke sehen? Die müssen nämlich alle
Hunde haben in diesem Land."

Willi verrenkt den Hals und deutet mit der linken
Vorderpfote auf die Steuermarke.

„In Ordnung", brummt der Polizist. „Sie sind wirklich ein
Hund. Das ist sehr ungewöhnlich."

Er ist ziemlich durcheinander. Er muss sich wieder setzen.

„Es geht Ihnen also doch nicht gut!", ruft Willi erfreut.

„Sie sind krank! Sie sehen nicht gut aus, Herr Briefträger!"

Willi geht eilig ins Sprechzimmer und holt ein Fieber-
thermometer.

„Messen!", sagt er sehr bestimmt. Er steckt dem
Briefträger-Polizisten das Thermometer zwischen die
Lippen. „Aber nicht aufessen!"

Der Briefträger-Polizist schüttelt den Kopf. Erschreckt

schielt er auf das Thermometer. Langsam klettert die

Quecksilbersäule hoch. Es ist ein ganz altes Thermometer.

Willi überlegt. Wie lange muss man Fieber messen?

Eine Minute, beschließt er. Aber wie lang ist eine

Minute? Egal, der Briefträger-Polizist läuft schon rot an.

Die Minute ist bestimmt um. Willi zieht das Thermometer

wieder heraus.

„Na?", fragt der Polizist gespannt und ein bisschen

ängstlich. Hoffentlich hat er kein Fieber.

Willi schüttelt besorgt den Kopf. Thermometerablesen ist sehr schwer.

„Gar nichts", sagt Willi also.

„Gar nichts?", fragt der Polizist entsetzt.

„Nein, leider", sagt Willi bedauernd. „Ich muss Ihnen mitteilen, dass Sie leider keine Temperatur haben. Nicht das kleinste bisschen. Sie müssen dringend ein heißes Bad nehmen, damit Sie wieder Temperatur bekommen. Und dann sollten Sie in Urlaub fahren. Unbedingt! Sofort!"

Der Polizist nickt freudig mit dem Kopf.

„Das finde ich auch", sagt er. „Bei dem Gedanken an Urlaub geht es mir schon viel besser, danke. Können Sie mich krankschreiben?"

Willi diktiert dem Polizisten: „Der Polizist Karl Otto wird wegen Urlaub krankgeschrieben. Er ist an einer Temperatur erkrankt, welche er leider nicht hat. Ein Vollbad, warm, wird empfohlen. Schöne Grüße von Willi. Äh … Doktor Wilhelm Klöbner."

Und wieder kommt der Pfotenstempel darauf.

Der Polizist faltet die Bescheinigung mit Begeisterung zusammen.

„Die werde ich meinem Vorgesetzten geben. Dann gehe ich sofort ins nächste Reisebüro", sagt er. „Und dann fahre ich in den Süden."

„Viel Glück", ruft Willi ihm hinterher. „Und immer schön die Zähne putzen, zweimal täglich. Das ist gut gegen Bauchweh!"

„Danke, danke!", ruft der Polizist noch einmal.

Willi freut sich. Es ist schön, wenn man helfen kann.

Heute Morgen hat er schon vielen Patienten geholfen.

Elvira und Karl-Heinz werden staunen!

Willi ist sehr, sehr müde. Es wird langsam Zeit für das
nächste Nickerchen. Arzt sein ist ja so anstrengend!
Willi hat darüber noch nie nachgedacht. Das tut er
aber jetzt. Erst muss man jahrelang studieren. Dann im
Krankenhaus arbeiten. Später kriegt man eine eigene
Praxis wie die von Frau Doktor Elvira Klöbner.
Willi nimmt sich vor, in Zukunft netter zu seinem
Frauchen zu sein. Er wird Elvira morgens nicht mehr
mit der Nase aus dem Bett stupsen. Nur weil er Gassi
gehen will.
Auch Elvira braucht jeden Tag ein Nickerchen. Nicht nur,
wenn sie krank ist.
Willi wirft einen Blick ins Wartezimmer. Es ist leer.
Viele Patienten sind nach Hause gegangen, weil es so
lange gedauert hat. Sie kommen bestimmt morgen
wieder. Bis dahin ist Elvira sicher auf den Beinen.

„Auch gut", murmelt Willi. Er holt einen Schraubenzieher und montiert das Schild „Dr. Wilhelm Klöbner, Tierarzt für Kinder" wieder ab. Er versteckt es hinterm Garderobenschrank. Wer weiß, vielleicht kann er es eines Tages wieder gebrauchen.

Willi stellt sich auf die Hinterpfoten und zieht sich den Arztkittel über den Kopf. Der muss in die Wäsche. Willi verliert gerade sein Winterfell. Und Elvira kann braune Haare auf ihrem Kittel nicht leiden. Willi legt den Arztkittel ordentlich in den Korb mit der Schmutzwäsche.

Er hört ein Motorrad um die Ecke knattern.

Es ist Karl-Heinz.

„Gut, dass du wieder da bist!", sagt Willi erleichtert und gähnt. Willi trottet hinter Karl-Heinz ins Zimmer Nummer vier und rollt sich unter Elviras Bett zusammen. Mit halbem Ohr hört er noch, wie Karl-Heinz Elvira einen schmatzenden Kuss gibt.

„Da bin ich wieder! Wie geht es dir? Willst du Kamillentee, mein Schatz?", fragt Karl-Heinz.

Willi schüttelt sich. Ist ja eklig. Kamillentee. Was Elvira braucht, ist ein kräftiger Knochen. Und ein paar köstliche

Hundekekse. Die enthalten viele Vitamine. Vitamine braucht man zum Gesundbleiben. Das steht so auf der Packung.

Willi schlurft mit hängendem Bauch in die Küche. Er ist jetzt so müde, dass er fast im Kriechen einschläft.

Er schnüffelt sich bis zur Hundekeksschublade durch. Er zieht sie mit einer Pfote auf. In der Packung ist nur noch ein einziger Gesundbleibe-Keks.

Willi läuft das Wasser im Maul zusammen. Ein Häppchen vor dem Nickerchen kann nicht schaden. Außerdem sagt Elvira oft: „Ist der Hund gesund, freut sich der Mensch."

Willi frisst den Keks auf. Dann kriecht er zurück unters Bett.

„War viel los heute?", fragt Elvira ihren Freund Karl-Heinz.
Der wird ein bisschen rot. Er sagt schnell: „Nein, nein, es
ging so." Karl-Heinz lügt nicht gern. Aber er tut es eben
doch manchmal.

„Da bin ich ja beruhigt", sagt Elvira.

Willi ist auch beruhigt, dass Karl-Heinz ihn nicht verraten
hat.

Doktor Wilhelm Klöbner schläft auf der Stelle ein.

Die gar nicht mehr so kranke Kinderärztin schlürft ihren
Kamillentee. „Wo ist denn Willi?", fragt sie.

Karl-Heinz deutet unters Bett.

„Das ist der faulste Hund der Welt", sagt Elvira.

Sie beugt sich aus dem Bett und streichelt den
schlafenden Willi.

Willi blinzelt noch einmal. Dann fängt er an zu
schnarchen.

Die Geschichte von Willi Wau geht weiter.
Es folgt eine Leseprobe aus

Der allerbeste Polizist

„Heute machen wir Großeinkauf", sagt Elvira fröhlich. Sie kauft nämlich sehr gerne ein. Am liebsten fährt sie mit dem Auto zum größten Supermarkt der Stadt.

Willi kauft auch gerne ein. Aber am liebsten im kleinen Laden an der Ecke. In den darf er nämlich mit hinein. In den Supermarkt darf er leider nicht. Aber das ist nicht schlimm. Denn vorm Supermarkt trifft Willi andere Hunde. Zum Beispiel Sybille. Sie ist eine sehr pfiffige Pudeldame. Oder Walter, den tranigen Spaniel. Manchmal sind auch die eleganten Labradorgeschwister Chico und Chica da.

Sosehr sich Willi über die anderen Hunde freut – eines ist doch traurig: Niemand außer ihm kann sprechen. Nicht mit richtigen Worten. Die anderen bellen bloß. Wau. Und wuff. Und wöff. Willi weiß nicht, warum das so ist. Er hat das Sprechen nicht gelernt. Er ist schon als sprechender Hund geboren worden.

„Schön hierbleiben, Willi", sagt Elvira Klöbner. Sie leint Willi am Hundehaken an. Neben ihm liegen die Labradorgeschwister. Sie sehen aus, als wären sie schon lange hier.

„Ich habe ja keine andere Wahl", sagt Willi pampig.

Elvira steckt mit leuchtenden Augen eine Münze in den

Einkaufswagen. Sie schiebt ihn davon.

„Hallo allerseits", sagt Willi zu Chico. „Wie geht's?"

„Wau", antwortet Chico. Er ist immer sehr einsilbig.

„Wau-wau", sagt Chica. Sie öffnet müde ein Auge.

Das kann ja heiter werden, denkt Willi. Er hat sich auf

eine Unterhaltung gefreut. Auch wenn es eine in Wau-

wuff-Sprache ist. Weil Schläfrigkeit ansteckend ist, rollt

sich Willi zusammen. Sofort fallen ihm die Augen zu. Seit

seinem letzten Nickerchen sind schon mehr als hundert

Minuten vergangen. Höchste Zeit also für eine kleine

Ruhepause.

„Tut mir leid, dass es so lange gedauert hat", sagt
Elvira gefühlte zwei Sekunden später. „Ich sollte mein
Hundemausi nicht eine ganze Stunde warten lassen."
Willi hasst es, wenn Elvira ihn Hundemausi nennt. Er
hofft nur, dass Chico und Chica das nicht gehört haben.
Elvira Klöbner schaufelt ihre Einkäufe aus dem
Einkaufswagen in den Kofferraum:
Dreißig Dosen Hundefutter.
Spaghetti.
Tomatensoße in Dosen.
Shampoo.
Waschpulver.
Milch.
Butter.
Fünf Sorten Käse.
Einen Berg Bio-Obst.
Und Bier für ihren Freund Karl-Heinz. Er liebt Bier, wenn
er bei Elvira auf dem großen Flachbildschirm Fußball
guckt. Das macht er am Wochenende sehr gerne.
An einem Haken am Einkaufswagen hängt Elviras rote
Handtasche.

„Soll ich dir helfen?", fragt Willi. Es ist höchste Zeit, dass sie ihn losbindet.

„Danke, ich kann das schon alleine!", keucht Elvira. Sie stopft einen Karton Fruchtsaft in den Kofferraum. Der ist zu voll. Nicht einmal ein Hundeschwanz passt mehr hinein.

„Du musst auf der Rückbank sitzen, mein Süßer", sagt Elvira. Sie öffnet die linke Hintertür. Sie taucht ins Auto. Sie breitet auf der Rückbank Willis karierte Hundedecke aus.

Ein lautes „Wusch" zischt an Willis Ohren vorbei.

Etwas Rotes flattert an Willis Schnauze vorbei.

„He!", ruft Willi.

„Wau!", bellt Chico

„Wau-wau!", bellt Chica.

„Halt! Stehen bleiben!" Willi zerrt wütend an der Leine. Dann bellt er, so laut er kann. Das ist nicht sehr laut. Es hört sich an wie „Kccchhhh!". Das Halsband würgt ihn nämlich.

Der Dieb verschwindet auf Rollschuhen hinter einer Ecke.

Elvira taucht wieder aus dem Auto auf.

Kopfschüttelnd löst sie Willis Leine.

„Was machst du nur für ein Theater!", sagt sie. „Was soll das Gekläffe?"

„Handtasche geklaut", keucht Willi heiser. Er fasst sich mit der linken Vorderpfote an den Hals.

„Was?", fragt Elvira. „Deine Stimme ist rostig. Da müssen wir doch gleich mit Salbei gurgeln!"

„Deine Handtasche", sagt Willi.

„Wau", sagt Chico.

„Wau-wau", sagt Chica.

„Schnauze!", sagt Willi wütend.

Elvira Klöbner wirft einen Blick auf Willi. Dann wirft sie einen Blick auf den Haken am Einkaufswagen. Dann taucht sie zurück ins Auto. Dann kommt ihr Kopf wieder zum Vorschein.

„Meine Handtasche ist weg", sagt sie kläglich.

„Meine Rede", sagt Willi. Das kennt er von Karl-Heinz. Der sagt ganz oft: Meine Rede.

Frau Doktor Klöbner fängt an zu weinen. Aber nur vier Tränen. Sie schnäuzt sich. Dann sieht sie sich sehr entschlossen um. Und schreit: „Polizei!"

„Nicht hier", sagt ein Mann. „Die Polizei ist nie da, wenn man sie braucht."

„Ich würde aufs Revier gehen", sagt eine Frau.

„Oder fahren", sagt eine zweite Frau. „Das geht schneller."

„Danke", sagt Elvira Klöbner.

Sie schiebt Willi auf den Rücksitz.

Frau Doktor Elvira Klöbner ist jetzt sehr wütend.

Sie hält das Lenkrad so fest als wolle sie es herausreißen.

Sie fährt schneller als die Polizei erlaubt.

Lalü-Lala. So klingt nur eine Polizeisirene.

Karl-Heinz würde jetzt sagen: „Da haben wir den Salat."

Das sagt er oft. Sogar wenn weit und breit kein Salat zu sehen ist.

Hinter Frau Dr. Elvira Klöbners Auto blinkt Blaulicht.

Ein Polizeiauto schiebt sich vor den Wagen der Kinderärztin.

Willi wedelt aufgeregt mit dem Schwanz. Es ist wie im Krimi. Sehr spannend!

Elvira hüpft auf die Bremse. Willi drückt sich fast seine Schnauze an ihrer Rücklehne platt.

„Na, na", sagt er. So scharf hätte sie nicht zu bremsen

brauchen. Nur weil der Polizeiwagen plötzlich vor ihnen stehen bleibt.

„Genau zu Ihnen wollte ich!", sagt Frau Elvira Klöbner aus dem Fenster.

„Sieht ganz so aus", sagt ein Polizist. „Na, dann kommen Sie einmal mit, junge Frau."

Alle Abenteuer von Willi Wau:

Tierarzt für Kinder
Der allerbeste Polizist
Der super Fußballtrainer
Der weltbeste Lehrer

Elfie A. Donnelly, in England geboren und in Wien aufgewachsen, ist ausgebildete Journalistin und Drehbuchautorin, aber auch Autorin von Kinder- und Jugendromanen, Kriminalromanen und Reiseführern. Für ihr Buch „Servus Opa, sagte ich leise" wurde sie u.a. mit dem Deutschen Jugendliteraturpreis ausgezeichnet. Sie ist die Erfinderin von „Benjamin Blümchen" und „Bibi Blocksberg" und lebt heute auf Ibiza.

Sie hat nicht nur einen, sondern sogar zwei Hunde. Babu und Devi sind Zwillinge: Labrador-Pointer-Mischungen, zwei Jahre alt und unglaublich süß. Auch wenn sie manchmal über Nacht wegbleiben. Dann ist Elfie Donnelly so krank vor Sorge, dass sie zum Arzt muss. Auch wenn die Hunde schon längst wieder da sind.

Elfie Donnelly geht eigentlich gerne zum Arzt, vor allem wegen der Illustrierten. Und damit sie hört, dass ihr eigentlich gar nichts fehlt. Außer Schlaf (wegen der Hunde).

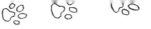

Erhard Dietl hat in seinem Atelier in München inzwischen über hundert Kinderbücher illustriert und geschrieben.

Wenn er nicht schreibt oder zeichnet, spielt er gern Gitarre. Er erfindet Lieder für Erwachsene und Kinder, nimmt CDs auf und singt hin und wieder auf kleinen Bühnen.

Er mag Arztbesuche überhaupt nicht und vermeidet sie, wann immer es geht. Aber Hunde mag er sehr. Sein Hund heißt nicht Willi, sondern Lollo. Es ist ein italienischer Streunerhund, benannt nach Gina Lollobrigida, einer italienischen Schauspielerin. Mit Lollo macht er lange Spaziergänge an der Isar. Und beim Arbeiten liegt Lollo den ganzen Tag neben ihm und passt auf ihn auf.

Wenn dir dieses Buch gefallen hat,
dann empfiehl es deinen Freunden!

CARLSEN-Newsletter
Tolle neue Lesetipps kostenlos per E-Mail!
www.carlsen.de

1 2 3 4   13 12 11
Copyright © by Carlsen Verlag GmbH, Hamburg 2011
Umschlag-, Vorsatz- und Innenillustration: Erhard Dietl
Umschlaggestaltung: init, Bielefeld
Lektorat: Susanne Schürmann
Herstellung: Karen Kollmetz und Sandra Prinz
Lithografie: Buss & Gatermann, Hamburg
Druck und Bindung: Bercker GmbH & Co KG, Kevelaer
ISBN 978-3-551-65161-7
Printed in Germany